BEI GRIN MACHT SICH IHR WISSEN BEZAHLT

- Wir veröffentlichen Ihre Hausarbeit, Bachelor- und Masterarbeit

- Ihr eigenes eBook und Buch - weltweit in allen wichtigen Shops

- Verdienen Sie an jedem Verkauf

Jetzt bei www.GRIN.com hochladen und kostenlos publizieren

Bibliografische Information der Deutschen Nationalbibliothek:

Die Deutsche Bibliothek verzeichnet diese Publikation in der Deutschen Nationalbibliografie; detaillierte bibliografische Daten sind im Internet über http://dnb.d-nb.de/ abrufbar.

Dieses Werk sowie alle darin enthaltenen einzelnen Beiträge und Abbildungen sind urheberrechtlich geschützt. Jede Verwertung, die nicht ausdrücklich vom Urheberrechtsschutz zugelassen ist, bedarf der vorherigen Zustimmung des Verlages. Das gilt insbesondere für Vervielfältigungen, Bearbeitungen, Übersetzungen, Mikroverfilmungen, Auswertungen durch Datenbanken und für die Einspeicherung und Verarbeitung in elektronische Systeme. Alle Rechte, auch die des auszugsweisen Nachdrucks, der fotomechanischen Wiedergabe (einschließlich Mikrokopie) sowie der Auswertung durch Datenbanken oder ähnliche Einrichtungen, vorbehalten.

Impressum:

Copyright © 2017 GRIN Verlag, Open Publishing GmbH
Druck und Bindung: Books on Demand GmbH, Norderstedt Germany
ISBN: 9783668602632

Dieses Buch bei GRIN:

https://www.grin.com/document/385124

Manuel Knubel

Gesundheitsförderung und Prävention in Lebenswelten

GRIN - Your knowledge has value

Der GRIN Verlag publiziert seit 1998 wissenschaftliche Arbeiten von Studenten, Hochschullehrern und anderen Akademikern als eBook und gedrucktes Buch. Die Verlagswebsite www.grin.com ist die ideale Plattform zur Veröffentlichung von Hausarbeiten, Abschlussarbeiten, wissenschaftlichen Aufsätzen, Dissertationen und Fachbüchern.

Besuchen Sie uns im Internet:

http://www.grin.com/

http://www.facebook.com/grincom

http://www.twitter.com/grin_com

Deutsche Hochschule für
Prävention und Gesundheitsmanagement
Hermann Neuberger Sportschule 3
66123 Saarbrücken

Einsendeaufgabe

Fachmodul: Gesundheitsförderung und Prävention in Lebenswelten

Studiengang: BGM WS 2014

Datum
Präsenzphase: 29.05. – 01.06.2017

Name, Vorname: Knubel Manuel

Studienort: **Köln**

Semester: **6. Fachsemester**

Inhaltsverzeichnis

1 ANALYSE DER AUSGANGSSITUATION 3

   1.1   Rahmenbedingungen 3

   1.2   Personengruppen im gewählten Setting 4

       1.2.1   Personengruppe „Lehrkräfte" 4

       1.2.2   Personengruppe „Schüler" 5

   1.3   Analyse gesundheitsbezogener Daten 6

       1.3.1   Analyse gesundheitsbezogener Daten von „Lehrkräften" 6

       1.3.2   Analyse gesundheitsbezogener Daten von „Schülern" 8

   1.4   Ableitung von Handlungsschwerpunkten 9

       1.4.1   Handlungsschwerpunkte der Personengruppe „Lehrkräfte" 9

       1.4.2   Handlungsschwerpunkte der Personengruppe „Schüler" 10

2 SCHWERPUNKTTHEMA FÜR EIN PROJEKT ZUR GESUNDHEITSFÖRDERUNG IM GEWÄHLTEN SETTING 11

3 RECHERCHE MODELLPROJEKT 13

   3.1   Vorstellung und Auswertung des Projekt 13

   3.2   Beurteilung des Projekt 17

4 LITERATURVERZEICHNIS 18

5 TABELLENVERZEICHNIS 23

1 Analyse der Ausgangssituation

Die Gesundheitsförderung und Prävention gewinnt immer mehr an Bedeutung und nimmt eine zentralisierte Rolle in den Lebenswelten, hier besonders im Alltag und Beruf, ein.

Im weiteren Verlauf wird die Ausgangssituation im Setting Schule analysiert und Handlungsschwerpunkte für eine Gesundheitsförderung abgeleitet.

1.1 Rahmenbedingungen

Das „Lau", wie es von den Schülerinnen und Schülern genannt wird, ist das Gymnasium Laurentianum, eines von drei Gymnasien der Stadt Warendorf (ca. 38.059 Einwohner, Stand Dez. 2015) (2017) im Kreis Warendorf in Nordrhein-Westfalen. Es liegt am westlichen Rand des Schulzentrums der Stadt, im sogenannten Schulviertel, in unmittelbarer Nähe des Hallenbades und des städtischen Sportstadions. Hier sind mehrere Schulen unterschiedlichster Ausrichtung (Grund-, Haupt-, Real-, Gesamt- und Berufsschulen) angesiedelt. Träger ist die Stadt Warendorf (2017).

Das Laurentianum besuchen 491 Jungen und 435 Mädchen, welche sich auf die Klassen 5- 9 in der Sekundarstufe I und 10-12 in der Sekundarstufe II verteilen (Nach der Jahrgangstufe 9 beginnt die Sek. II mit einer einjährigen Einführungs- und anschließender Qualifikationsphase Q1 und Q2) (Laurentianum, 2017). Die 926 Schülerinnen und Schüler werden zurzeit von 70 Lehrkräften und 10 Referendaren unterrichtet. Die Sek. I ist seit dem Jahr 2009/2010, beginnend mit der Jahrgangsstufe 5, ein Ganztagsgymnasium. Die Schule wird täglich um 07.20Uhr geöffnet und ab 07.40Uhr können die Klassenräume betreten werden. Unterrichtsbeginn ist um 07.45Uhr. Das Schulsekretariat ist ab 07.30Uhr besetzt. Die Unterrichtseinheiten betragen überwiegend 95 Minuten, in denen flexible kleine Pausenzeiten integriert sind. Der Unterricht endet an vier Tagen in der Woche um 15.30h und freitags um 13.00Uhr. An den vollen Unterrichtstagen wird eine 60-Minuten-Stunde frei gehalten, in der die Schülerinnen und Schüler im eigens eingerichteten Bistro 32 gemeinsam Mittag essen.

Die Schülerinnen und Schüler im Alter zwischen 9 und 19 Jahren kommen aus Warendorf oder den umliegenden Stadtteilen. Häufig mit verschiedenster Herkunft und aus allen sozialen Schichten werden sie auf ihrem individuellen Leistungsniveau unterrichtet und betreut. Besonders begabte Schülerinnen und Schüler können zusätzlich in Projekten arbeiten. Hausaufgaben gibt es durch das Ganztagssystem keine mehr. In der Mittagspause, nach der Einnahme der Mahlzeit, gibt es die Möglichkeit im Ganztagsraum zu entspannen oder sportliche bzw. kreative Aktivitäten im Rahmen offener Angebote wahrzunehmen. Des Weiteren werden außerunterrichtliche Aktivitäten in den Bereich Sport (Fußball, Jonglage, Volleyball), im kulturellen Bereich (Chinesisch, Chor, Theater, Schülerzeitung, Schulbands) oder Naturwissenschaften/Technik (Chemie, Foto-AG, Roboter Technik/Werken) angeboten.

Zudem ist das Gymnasium Laurentianum (2017) Mitglied im Landesprogramm „Bildung und Gesundheit" und arbeitet in dem Netzwerk mit anderen Schulen zum Themenfeld „gesunde Schule mit guter Bildung" zusammen.

1.2 Personengruppen im gewählten Setting

Am Gymnasium Laurentianum bilden die Schülerinnen und Schüler sowie die Lehrerinnen und Lehrer die Hauptpersonengruppen. Dazu gesellen sich Personen aus der Schulleitung, dem Sekretariat, den Referendaren, dem Hausmeisterteam, den Reinigungskräfte, dem Fachpersonal aus den Bereichen Sozialarbeit und Sonderpädagogik und die Eltern.

1.2.1 Personengruppe „Lehrkräfte"

Das „Lau" hat insgesamt 70 Lehrkräfte. Davon 37 Lehrerinnen und 33 Lehrer im Alter von 26 bis 64 Jahren (Laurentianum, 2017). Fast alle Lehrkräfte sind verbeamtet oder befinden sich in der Probezeit zur Verbeamtung. Zu ihren Arbeitsaufgaben gehört neben dem Bildungs- und Erziehungsauftrag, in dem sie Fach- und Sachkompetenz, Sozialkompetenz, Lern- und Methodenkompetenz, Selbstkompetenz und die Fähigkeit zu kreativen Denken vermitteln, auch das Ausbilden von praktische Kompetenz. Des Weiteren entwickeln sie ausgewogene Unterrichte mit Hilfe von Lern- und Lehrstrategien, um die Schülerleistungen anschließend bewerten zu können. Zudem tragen sie durch ihre Präsenz und ihr Auftreten zur Motivation, Entscheidungsfindung und dem Schulklima bei. Dabei gilt es positives Verhalten zu fördern und den Bedürfnissen der Schülerinnen und Schüler aus deren Sicht, aber auch aus Sicht der Eltern gerecht zu werden. Gleichzeitig sind sie Teil des Kollegiums und ihr persönliches Befinden hat Auswirkungen auf die eigene Zufriedenheit und die der Kollegen.

Aufgrund der ständigen Erreichbarkeit, der hohen Verantwortung und den regelmäßigen Konflikten mit Schülern und deren Eltern, sowohl innerhalb als auch außerhalb der Schule, ist das Stresslevel sehr hoch. Nicht besetzte Stellen und der krankheitsbedingte Ausfall von Kollegen, der wiederrum kompensiert werden muss, sorgt für das Gefühl des Präsentismus und hat zwangsläufig psychische Erkrankungen zur Folge. Dazu sorgt die überwiegend stehende Tätigkeit, kombiniert mit Bewegungsmangel und einem sehr hohen Lärmpegel für physische Erkrankungen, die sich in Form von Verspannungen, Rücken- und Kopfschmerzen, Müdigkeit und Abgeschlagenheit sowie ein schwaches Immunsystem bemerkbar machen.

1.2.2 Personengruppe „Schüler"

Am Gymnasium sind 926 Schülerinnen und Schüler im Alter zwischen 9 und 19 Jahren gemeldet. Sie teilen sich in 491 Jungen und 435 Mädchen auf und gehören unterschiedlichen Jahrgangsstufen mit Klassen oder in der Oberstufe Neigungsgruppen an. Häufig kommen die Kinder und Jugendlichen aus der gleichen Stadt bzw. dem gleichen Stadtteil und haben die gleiche Grundschule besucht. Für andere ist es ein komplett neues Umfeld, in welches sie sich eigenständig integrieren müssen und nicht auf bereits bestehende Freundschaften zurückgreifen können. Ihr Alltag wird unter der Woche von spätestens 07.45Uhr bis 15.30Uhr durch die Schule bestimmt und mittels eines Stundenplans geregelt. Die Schülerinnen und Schüler halten sich überwiegend in den Klassenzimmern oder auf den Sportstätten auf. Die Pausen werden auf dem Schulgelände, in dem Bistro 32 oder dem von der Schule zur Verfügung gestellten Ganztagsraum verbracht. Durch flexible Pausenzeiten in den 95-minütigen Unterrichtseinheiten können die Sitz- und Konzentrationsphasen dem individuell tagesbedingten Leistungsvermögen angepasst werden. Aufgrund des Ganztagskonzepts entfallen die Hausaufgaben, so dass sich die Schülerinnen und Schüler nach dem Unterricht sozialen oder soziophysiologischen Aktivitäten widmen können. Die ethnische Herkunft wie auch die soziale Schicht, aus der die Schüler kommen, kann in jeglicher Form Einfluss auf die Gesundheitssituation und damit einhergehende Risikofaktoren haben. Dazu kommen von innen und außen erzeugter Stress (Leistungsdruck, Markenzwang, Schulreisen und Ausflüge bei mangelnden oder nichtvorhandenen finanziellen Ressourcen, Mobbing, der Druck dazugehören zu müssen), ein erhöhter Lärmpegel in den Klassen und auf dem Schulhof, Bewegungsmangel sowie falsche Sitzposition oder Mangel- bzw. Fehlernährung. Da Kinder und Jugendliche den Großteil dieses Lebensabschnittes im Setting- „Schule" verbringen, kann hier, neben dem familiären Einfluss, am wirksamsten auf die Ausbildung und Erziehung der Gesundheit eingewirkt werden.

1.3 Analyse gesundheitsbezogener Daten

Bund, Länder, Kommunen, Städte aber auch Versicherungen und Krankenkassen erheben jährlich verschiedenste Daten zu ihren Mitgliedern bzw. Bürgern, unter anderem auch für die beiden in 1.2 beschriebenen Hauptpersonengruppen, um branchen- oder tätigkeitsbezogene Belastungen zu ermitteln. Diese werden verwendet, um im jeweiligen Setting entsprechende Gesundheitsförderung betreiben zu können.

1.3.1 Analyse gesundheitsbezogener Daten von „Lehrkräften"

Im Lehrerberuf finden sich ca. 797.257 Lehrkräfte, davon 498.273 in Vollzeit, 298.984 in Teilzeit sowie 148.361 stundenweise in allgemeinbildenden und beruflichen Schulen wieder (Statistisches Bundesamt, 2014). Dabei sind die Lehrerinnen und Lehrer physikalischen (Lärm und Raumklima), chemischen (Gefahrstoffe im Fachunterricht und Baustoffe) sowie ergonomischen (Bildschirmarbeitsplatz) Belastungsfaktoren ausgesetzt. Zudem geben die Lehrkräfte Präsentismus, Zeitdruck, unvorteilhafte Arbeitszeit, Schullärm, zu große Klassen, Probleme mit den Schulbehörden und mangelnde Autonomie, andererseits Leistungsschwäche, Verhaltensauffälligkeiten und mangelnde Motivation der Schüler, Problemverhalten der Eltern sowie geringes gesellschaftliches Ansehen als Belastungsfaktoren an (Scheuch, Seibt, Rehm, Riedel, & Melzer, 2010; Schaarschmidt & Kieschke, 2013; Schönwälder, Berndt, Ströver & Tiesler, 2003; Seibt, R., Galle, M. & Dutschke, D. 2007; Seibt, Spitzer, Druschke, Scheuch & Hinz 2013). Somit ist die Belastung primär psychoemotional einzustufen (Scheuch, Seibt, Rehm, Riedel, & Melzer, 2010; Seibt, Galle, & Dutschke, 2007; Seibt, Spitzer, Druschke, Scheuch & Hinz, 2013; Bauer et al., 2006; Weber, Weltle & Lederer, 2004). Zudem wird sie stets als hoch bis sehr hoch empfunden und auf folgende Anforderungen zurückgeführt (Scheuch, Haufe, & Seibt, 2010):

- Komplexität, mangelnde Durchschaubarkeit und Vorhersehbarkeit von Situationen
- hohes Anspannungsniveau mit Sachzuwendung über längere Zeit
- verteilte Aufmerksamkeit
- eingeschränkte Erholungszeiten während des Unterrichtstags

- situationsbezogener Wechsel von Verhaltensweisen im Unterricht
- unterschiedliche Bewertungskriterien durch Schüler, Eltern, Schulleitung, Schulbehörde und Öffentlichkeit
- „Einzelkämpfer" im (bürokratischen) System
- Vermischung von Arbeit und Freizeit

Dies hat zur Folge, dass sich – unabhängig von der Schulart - 50% der Lehrkräfte ermattet fühlen, weitere 46% verspüren innere Unruhe und erhöhte Reizbarkeit, Erschöpfung und Müdigkeit sowie Kopfschmerzen. Gefolgt von Nacken- und Schulterbeschwerden (39%) sowie Rückenschmerzen (38%) und immer noch 25% leiden unter Schlaf- und Konzentrationsstörungen (Nieskens, Schumacher & Sieland, zitiert nach Nieskens, Rupprecht & Erbring, 2012, S. 61). Deshalb ist die Tendenz an einem Burnout-Syndrom zu erkranken bei Lehrkräften besonders hoch (Scheuch & Vogel, 1993), da eine Kombination aus geringer Distanzierungsfähgkeit von der Arbeitssituation, starker Resignationstendez bei Misserfolg und geringe Fähigkeiten zum Einholen sozialer Unterstützung vorliegen (Hillert, Koch, & Lehr, 2013). Des Weiteren liegen Erkrankungen des Bewegungsapparates, des Herz-Kreislauf-Systems und des Verdauungssystems, sowie eine erhöhte Betroffenheit des Nervensystems vor (Seibt, Ulbricht, Rehm, Steputat, & Scheuch, 2010; Scheuch, & Vogel, 1993). Es ist zum einem dem Bewegungsmangel und der hauptsächlich stehenden bzw. sitzenden Tätigkeit geschuldet, aber auch der oft „schlechten/ falschen" Ernährung, da kaum ausreichend eigene Pausenzeiten eingerichtet werden können. Dies führt neben den psychischen und psychosomatische Erkrankungen zu den zum Teil hohen Ausfallzeiten bzw. vorzeitiger zur Ruhesetzung des Lehrpersonals.

Lehrkräfte zeichnen sich im Bezug auf die Allgemeinbevölkerung durch ein gesundheitsförderliches Verhalten und geringere kardiovaskuläre Risikofaktoren, ausgenommen Hypertonie, aus. Wie in anderen Berufsgruppen gehören Muskel-Skelett- und Herz-Kreislauferkrankungen zu den häufigsten Diagnosen. Psychische und psychosomatische Erkrankungen kommen hingegen häufiger vor als in anderen Berufen. Die ist auf eine Veränderung der Rahmenbedingung im Bereich des Bildungsauftrages zurückzuführen und bedarf einer qualifizierten und besonderen Betreuung (Scheuch, Haufe, Seibt, 2015).

1.3.2 Analyse gesundheitsbezogener Daten von „Schülern"

Schülerinnen und Schüler bilden an den Schulen die größte Personengruppe und verbringen im Schnitt 12 Jahre im Setting „Schule", davon ca. 38,5 Stunden pro Woche mit schulischen Angelegenheiten – die Kleinen weniger, in den Klassen 9 bis 13 auch mal bis zu 45 Stunden pro Wochen (Spiegel, 2012). Zudem sind Kinder und Jugendliche einer rasanten Entwicklung der Informationstechnologie und eines immer größer werdenden multikulturellen Soziallebens ausgesetzt. Die voranschreitende Techni- und Digitalisierung unserer Gesellschaft, die Informationsflut über soziale Medien, Radio und Fernsehen nehmen stetig zu. Der Zwang der ständigen Erreichbarkeit durch mobile Kommunikation setzt schon im Kindes- und Jugendalter ein, sorgt für eine beschleunigte Wahrnehmung im Alltag und führt damit zu einem sehr früh einsetzenden Gefühl den Anforderungen nicht mehr gerecht werden zu können (Güller, 2016, S. 9). Dies hat zur Folge, dass Kinder und Jugendliche massive psychische und physische Beeinträchtigungen und Einschränkungen aufweisen. Besonders betroffen sind Kinder und Jugendliche aus Migrantenfamilien, die ein bildungsfernes soziales Umfeld haben und Heranwachsende, die in Armut aufwachsen. (Hundeloh, Schnabel & Yurdatap, 2004). Des Weiteren zeigen einige Zahlen aus epidemiologischen Studien das 3-5 % der Kinder im Grundschulalter von Aufmerksamkeitsdefizit-, Hyperaktivitäts-Syndromen betroffen (ADHS) sind. 10 % der Kinder in Grundschulen leiden unter Ängsten, 16 % der Jugendlichen. Mädchen mehr als Jungen, Hauptschüler mehr als Gymnasiasten. 10 % der Jugendlichen leiden im Verlauf des Jugendalters mindestens an einer ernsthaften depressiven Episode. Am häufigsten sind Schülerinnen und Schüler von Realschulen betroffen, gefolgt von Hauptschülern. Am wenigsten betroffen sind Schülerinnen und Schüler von Gymnasien. 50-60 Kinder mit depressiven Störungen im Alter von 10-15 Jahren nehmen sich jährlich das Leben. Bei Jugendlichen und jungen Erwachsenen bis 25 Jahren sind es 1500. 30-40 % vornehmlich der Jugendlichen klagen über psychosomatische Beeinträchtigungen, wie z. B. Kopfschmerzen, Magenschmerzen, Rückenschmerzen, Nervosität, Schlafprobleme, Müdigkeit und Erschöpfung. Bis zu 60 % der Hauptschülerinnen und -schüler geben solche Beschwerden an, bei Gymnasiastinnen und Gymnasiasten sind es 45% (Bundeszentrale für gesundheitliche Aufklärung 1998; Blanz, Seeman, Schönejahn & Fricke, 1999; Petermann 2000; Junge, Neumer, Manz & Margraf, 2002; Hurrelmann, Klocke, Melzer & Ravens-Sieberer, 2003). Gefolgt werden sie von diagnostizierten Erkrankungen wie Erkältungen mit 89% sowie 52% mit Magen-Darm-Erkrankungen. Dazu gesellen sich Unfälle (4%), die in Bildungseinrichtungen passieren, und eine kontinuierliche Zunahme der übergewichtigen (15%) und adipösen (6,3%)

Kinder und Jugendlichen im Alter von 3 bis 17 Jahren (Bundeszentrale für gesundheitliche Aufklärung (BZgA) & Robert Koch Institut (RKI), 2008). Nur 15,2 % der Jungen und 10 % der Mädchen bewegen sich täglich, die durchschnittlich drei Schulstunden Sport pro Woche eingerechnet (Güller, 2016). Weiteren Einfluss hat die Ernährung, so nehmen zwar etwa 28 % der Kinder die empfohlene Tagesmenge Obst zu sich, gleichzeitig findet jedoch eine Überversorgung der Kinder im Alter von 7 bis 10 Jahren (80%) mit Süßwaren, Limonade und Knabbergebäck statt (BZgA & RKI, 2008).

Aufgrund ihrer langen Verweildauer im Setting „Schule" (12 bis 13 Jahren) muss es das Ziel sein die Gesundheitskompetenzen von Kindern und Jugendlichen zu stärken und in ihrem Entwicklungsprozess zu unterstützen. Deshalb ist eine ganzheitliche gesundheitliche Aufklärung unumgänglich. Dazu müssen alle Beteiligten (Bund, Länder, Kommunen, Städte, Bildungseinrichtungen, Sozialeinrichtungen und Eltern) zusammengebracht, geschult, gefördert und gefordert werden, um gesundheitsrelevantes Wissen und Verhalten zu vermitteln und in den Alltag zu integrieren.

1.4 Ableitung von Handlungsschwerpunkten

Nach der Analyse der Datenlage gilt es Handlungsschwerpunkte aus der settingspezifschen Gesundheitssituation abzuleiten und geeignete Themen und Ziele für Interventionen/ Projekte zur Gesundheitsförderung und Prävention zu formulieren, planen und umzusetzen (GKV-Spitzenverband, 2014, S. 72-75).

1.4.1 Handlungsschwerpunkte der Personengruppe „Lehrkräfte"

In einer Zusammenstellung von Krankenkassendaten wird ersichtlich, dass angestellte, gesetzlich versicherte Lehrkräfte einen tendenziell geringeren Krankenstand als der Durchschnitt aller Krankenkassenpatienten haben (Badura, Ducki, Schröder, Klose & Meyer, 2014; DAK, 2014; Techniker Krankenkasse (TKK), 2014). Jedoch sind die Atemwegs- und psychischen Erkrankungen gegenüber dem Durchschnitt erhöht; Herz-Kreislauf-, Muskel- und Skeletterkrankungen sowie Verletzungen liegen darunter. Seitdem, im Jahr 2004, die ICD-Zusatzdiagnose Z73, die auch Burn-out als Diagnose aufnimmt, eingeführt wurde, haben sich die bevölkerungsbezogenen Z73-AU-Tage bis 2013 verzehnfacht (Badura, Ducki, Schröder, Klose & Meyer, 2014). Der Anteil im Bereich Erziehung bei den AOK Versicherten 2013 war etwa dreimal höher als der Branchendurchschnitt.

Daher lassen sich für Lehrkräfte folgende Handlungsschwerpunkte ableiten:
- Reduzierung arbeitsbedingter psychischer Gesundheitsprobleme
- Reduzierung arbeitsbedingter Erkrankungen der Atemwege

Lehrerinnen und Lehrer haben einen zentralen Qualifikations-, Bildungs- sowie Erziehungsauftrag und tragen damit zur Stabilität der Gesellschaft als auch zur Weiterentwicklung zukünftiger Generationen bei. Der Schulalltag hat sich aufgrund der Entwicklung der Informationstechnologie und des immer größer werdenden multikulturellen Soziallebens stark verändert. Dabei werden die Schulen zunehmend selbstverantwortlicher, was für die Lehrkräfte neue Aufgabenfelder im Schulmanagement und der Schulverwaltung mit sich bringt (Europäische Kommission, 2013).

Des Weiteren hat sich der klassische Lehrerberuf zum Kultur-, Gesellschafts- und Sozialberuf mit bürokratischen Tätigkeiten entwickelt (Ulich, 1996). Zudem kennzeichnen ihn soziale und interaktive Emotionsarbeit mit gleichzeitig hohen Anforderungen und Mehrfachbelastungen (Schaarschmidt, 2005).

Auch ein wirtschaftliches Interesse sollte in der Gesundheitsförderung von Lehrkräften liegen, denn die Kosten durch Arbeitsunfähigkeit belaufen sich im Wirtschaftszweig öffentliche und sonstige Dienstleister, Erziehung und Gesundheit alleine im Jahr 2015 auf 17,86 Mrd. Euro (BAuA, 2017, S.7).

1.4.2 Handlungsschwerpunkte der Personengruppe „Schüler"

Basierend auf der Tatsache, dass ein Großteil der jungen Generation nicht mit den Chancen und Risiken, die das Aufwachsen in der heutigen Gesellschaft mit sich bringt, angemessen umzugehen weiß und die psychische wie auch die physische Gesundheit immer mehr gefährdet ist (MSW, 2017), sollten die Handlungsschwerpunkte genau hier ansetzen:
- Aufbau von Kompetenzen zum multimodalem Stressmanagement
- Förderung gesundheitswirksamer körperlicher Aktivität

Dabei kommt dem Setting „Schule" eine besondere Rolle in der Gesundheitsförderung zu, da sich die Kinder und Jugendlichen hier den Großteil ihrer Kindheit und Jugend aufhalten und somit die Bildung durch Gesundheit gefördert werden kann. Gesundheit wirkt in diesem Zusammenhang wie ein Beschleuniger, durch den Bildungsprozesse intensiviert, vertieft und damit effektiver gemacht werden (Weare, 2004). Gleichzeitig festigen sich gesundheitsförderliche Einstellungen und Verhaltensweisen, so dass damit zu rechnen ist, dass diese auf spätere Lebensphasen übertragen werden (BZgA & RKI, 2008).

Eine gute Schule muss durch multimodale Gesundheitsförderung und Prävention gestaltet werden, denn ohne physische und psychische Gesundheit gibt es keine Gesundheit, ohne Gesundheit gibt es keine Bildung und ohne Bildung gibt es keine gute Schule. So muss das kollektiv und die Abhängigkeit dieser Bedingungen gesehen werden, um den Bildungs- und Erziehungsauftrag der Schule und somit die Nachhaltigkeit zu stärken (MSW, 2017).

Des Weiteren kann das Setting „Schule" als Zugangsweg zum familiären und sozialen Umfeld der Schülerinnen und Schüler gesehen werden, wodurch auch sonst schwer erreichbare Gruppen wie sozial benachteiligte, bildungs- und präventionsferne Familien und solche mit Migrationshintergrund mit Interventionen der Gesundheitsförderung in Kontakt gebracht und in die Netzwerkstrukturen aufgenommen, integriert und später als Multiplikatoren genutzt werden können (Hundeloh, Schnabel & Yurdatap, 2004).

2 Schwerpunktthema für ein Projekt zur Gesundheitsförderung im gewählten Setting

Die Zielgruppe im Setting „Gymnasium Laurentianum" betrifft alle Lehrerinnen und Lehrer, die gerade aus ihrem Referendariat kommen bzw. sich in den ersten 5 Jahren ihrer Berufspraxis befinden. Es handelt sich dabei um 16 verbeamtete und beamte auf Probe Lehrerinnen und Lehrer, neun weibliche und sieben männliche Lehrkräfte im Alter zwischen 26 und 34 Jahren. Hier scheint die psychosoziale Belastung noch nicht sehr ausgeprägt zu sein, da sie sich am Anfang ihres beruflichen Werdeganges befinden und den physikalischen, chemischen sowie ergonomischen Belastungsfaktoren verhältnismäßig kurz ausgesetzt sind.

Das Thema des Gesundheitsförderungsprojekts ist die „Gesundheitsförderung und Prävention mittels multimodalem Stressmanagement bei ‚jungen' Lehrkräften" und orientiert sich damit am Handlungsschwerpunkt „Reduzierung arbeitsbedingter psychischer Gesundheitsprobleme". Hier wird bewusst die beschriebene Zielgruppe gewählt, da sie den unter 1.3.1 erläuterten Belastungsfaktoren (Präsentismus, Zeitdruck, unvorteilhafte Arbeitszeit, Schullärm, zu große Klassen, Probleme mit den Schulbehörden und mangelnde Autonomie, andererseits Leistungsschwäche, Verhaltensauffälligkeiten und mangelnde Motivation der Schüler, Problemverhalten der Eltern sowie geringes gesellschaftliches Ansehen) noch nicht langjährig ausgesetzt sind und somit durch eine geeignete Prävention instrumentelle, mentale sowie regenerative Methoden erlernen und Kompetenzen aufbauen, um sich vor einer frühzeitigen Erkrankung auf psychosomatischer Ebene zu schützen. Diese Annahme beruht auf den hohen AU-Tagen des Kollegiums, den immer wieder wegfallenden Unterrichtseinheiten und zahlreichen Vertretungsstunden, welche gerade durch die noch nicht vorbelasteten jungen Kollegen kompensiert werden müssen. Hinzu kommt das gerade bei „Berufseinsteigern" die Vorbereitung der Unterricht, die Übernahme einer Klasse als Führungskraft, das Planen von Ausflügen oder die Leitung einer AG mehr Zeit in Anspruch nimmt als bei berufserfahrenen Kollegen, die Verantwortung schnell steigt und sich das Gefühl einer Überforderung einstellen kann.

Tab. 1: Zielsetzung für das Projekt zur Gesundheitsförderung und Prävention mittels multimodalem Stressmanagement bei „jungen" Lehrkräften

Zielsetzung für das Projekt zur Gesundheitsförderung und Prävention mittels multimodalem Stressmanagement bei „jungen" Lehrkräften	
Hauptziel	Stressniveau/ Stresslevel gering halten und individuelle Stresskompetenzen aufbauen
Feinziele	Stressoren erkennen und aktiv angehen
	Persönliche Stressverarbeitung verbessern
	Stressreaktionen mittels Erholung und Entspannung reduzieren

Durch das individualisierte Stressempfinden bzw. die Stressreaktion gilt es mittels des instrumentellen Stressmanagements an den Stressoren anzusetzen und diese zu reduzieren oder ganz auszuschalten. Dabei ist es das Ziel den Anforderung des Schulalltags aktiv zu begegnen und damit die Bewältigungskompetenzen zur erweitern (Kaluza, 2012). Das kann das konkrete Reagieren in einer aktuellen Belastungssituation sein, aber auch das proaktive Verringern oder Ausschalten zukünftiger Belastungen und eine möglichst stressfreie Gestaltung der eigenen Arbeits- und Lebensbedingungen beinhalten.

Dazu setzt ergänzend das mentale Stressmanagement bei den persönlichen stressverstärkenden Einstellungen und Denkmustern an, um das emotionale Befinden zu verbessern (Kaluza, 2012). Dabei wird der Lehrkraft bewusst gemacht, welche Auswirkung ihr Denken und ihre Einstellung auf sie haben. Sie lernt sich kritisch zu reflektieren und damit den Prozess zur Stressminderung durch eine förderliche Einstellung und Bewertung der Situation bewusst einzuleiten.

3 Recherche Modellprojekt

3.1 Vorstellung und Auswertung des Projekt

Projekte dienen der Erprobung von Gesundheitsförderungsprogrammen im gewählten Setting, die an den Bundesrahmen- bzw. Landesrahmenvereinbarungen zur Umsetzung nationaler Präventionsstrategien ausgerichtet sein müssen. Mittels Kooperationsvereinbarungen mit diversen Einrichtungen und/ oder Trägern (DGUV, GKV, DRV, LAND, Kommune, Bundesagentur für Arbeit, Träger Lebenswelten) werden diese Programme in ihrer Umsetzung gefördert und finanziell unterstützt. Deshalb ist es empfehlenswert die Maßnahmen mittels Planungsmodell des Gesundheitsförderungsprozesses im Setting-Ansatz (GKV-Spitzenverband, 2014, S. 24) zu planen und umzusetzen.
Folgend wird ein solches Projekt analysiert.

Tab. 2: Modellprojekt MindMatters (Nieskens & Schmidt, 2017)

Titel des Modellprojekts
MindMatters – Förderung der Psychischen Gesundheit in und mit Schulen
Projektlaufzeit
- Australische Pilotstudie von 1998/99 - Projektphase in Deutschland und der Schweiz (September 2002 – Dezember 2006)
Initiatoren/ durchführende Institutionen
- BARMER - Unfallkasse Nordrhein-Westfalen - Gemeinde-Unfallversicherungsverband Hannover - Bundesamt für Gesundheit (Schweiz) - Leuphana Universität Lüneburg (MindMatters-Programmzentrum)

Tab. 3: Fortsetzung Ausgangssituation und Ziele

Ausgangssituation und Ziele

Ausgangssituation:
- Ansicht der Weltgesundheitsorganisation (WHO) Gesundheit als einen ganzheitlichen Prozess des Wohlbefindens zu betrachten: hier gilt es physische, psychische und soziale Aspekte gleichermaßen zu berücksichtigen
- Schwerpunkt sollte in der Förderung und dem Erhalt der Gesundheit, vor allem auf der psychischen Ebene liegen
- Projekt MindMatters setzt an der Förderung der psychischen Gesundheit in Schulen der Primarstufe und Sekundarstufe I+II an
- Einbeziehen der gesamten Schule (Schülerinnen und Schüler, Lehrkräfte, Schulleitungen, nicht unterrichtendes Personal und Eltern) sowie des schulischen Umfeldes
- Förderung von Ressourcen und Fähigkeiten von Schülerinnen und Schülern, sowie Lehrkräften und erlaubt ihnen mit täglichen Anforderungen produktiv umzugehen und ihr Leben eigenverantwortlich zu gestalten
 	
Ziele:
- Verbesserung der Schulqualität durch Entwicklung einer Schulkultur
    o Steigerung des Sicherheitsempfindens, der Wertschätzung, der Einbindung und des „sich nützlich Fühlens"
- Verbesserung der Arbeitsbedingungen und Gesundheit von Lehrkräften
    o Optimierung der Beziehungsqualität in der Schule und den Klassen
    o Respekt und Toleranz
- Verbesserung der Lernbedingungen und Gesundheit von Schülern
    o Stärkung von Widerstandkraft und Lebenskompetenzen
    o Erlernen von Kompetenzen im Umgang mit Stresserleben, psychischen Störungen, Trauer und Verlust, Mobbing und Belästigung oder anderen (schulischen) Anforderungen
- Aufbau von Netzwerken und Partnerschaften
- Verbesserung von Lehre und Lernen und somit Steigerung der Bildungs- und Erziehungsqualität

Tab. 4: Fortsetzung mit Methoden bzw. Projektaufbau und -ablauf

Methoden bzw. Projektaufbau und –ablauf
Allgemeiner Ablauf der Projektphasen (Nieskens & Schmidt, 2017):   **Vorbereitung (September 2002 bis Januar 2004)**   - Übersetzung und Anpassung der australischen MindMatters-Materialien an deutsche/europäische Verhältnisse   - Entwicklung einer Probeversion für eine erste Testung (Initialtestung)   - Aufbau von Kooperationen   - Aufmerksamkeitskampagnen, Öffentlichkeitsarbeit   - Entwicklung und Überprüfung des Materials für die Fort-/Weiterbildung von Lehrerinnen/Lehrern   - Auswahl und Unterstützung von Modellschulen   - Vorbereitung eines Fortbildungskonzepts für Lehrerinnen/Lehrer   **Pilotprojekt (Februar 2004 bis August 2005)**   - Durchführung des Pilotversuchs an den ausgewählten Schulen (vorwiegend OPUS-Schulen aus Niedersachsen und Nordrhein-Westfalen sowie Schulen aus dem Schweizerischen Netzwerk Gesundheitsfördernder Schulen)   - Ständige Betreuung der Modellschulen   - Intensivierung der Öffentlichkeitsarbeit   - Durchführung und Weiterentwicklung von Lehrerinnen/Lehrer-Fortbildungen   **Implementation und Verbreitung (September 2005 bis Dezember 2006)**   - Weitere Überarbeitung des Materials sowie Ergänzung neuer Elemente   - Entwicklung von Richtlinien zur Integration des Programms in die Netzwerke Gesundheitsfördernder Schulen in Deutschland und der Schweiz   - Vorbereitung und Mitarbeit an der Fort- und Weiterbildung von Lehrerinnen/Lehrern   - Aufbau von Kooperationsstrukturen für schulische Gesundheitsförderung, Vernetzung   - Abschlussbericht zur Implementation und Verbreitung   - Verbreitung der MindMatters-Materialien in Deutschland und der Schweiz   **Modellversuch (Februar 2004 bis Juli 2005):**   - Die Effizienz des eigentlichen Modellversuchs wurde von einem externen und unabhängigen Evaluationsteam bewertet   **Projektspezifischer Aufbau:**   - Programm besteht aus mehreren Teilen/ Modulen, aus denen sich „das Haus der guten gesunden Schule" entwickelt   - Grundstein ist „SchoolMatters" mit Handlungsansätzen für Planung und Management psychischer Gesundheit in Schulen   - Darauf aufbauend gibt es für die unterschiedlichen Stufen bzw. Schultypen Folgemodule, welche die Entwicklung der Schule (CommunityMatters und LifeMatters) oder die der Schülerinnen und Schüler, Eltern und Lehrer (Gemeinsam(es) Lernen mit Gefühl, Rückgrat für die Seele, Fit für die Ausbildung und Beruf) fokussieren

Tab. 5: Fortsetzung Projektevaluation/ Ergebnisse

Projektevaluation/ Ergebnisse
Das Programm und dessen Effizienz wurde während der Projektphase von einem externen und unabhängigen Evaluationsteam (Franze, Paulus & Schwertner, 2004) nach dem QGPS- Verfahren zur Qualitätsentwicklung gesundheitsbezogener Programme in Schulen (Dadaczynski & Wotteriede, 2013) bewertet. Teilgenommen haben: - 24 LehrerInnen (14 Frauen, 8 Männer) und 400 SchülerInnen (191 Mädchen, 186 Jungen). Rücklaufquote ca. 80% - Durchschnittliche Zugehörigkeit der Lehrkräfte zur Schule sind 18 Jahre - Durchschnittliches Alter des Lehrkörpers 40 Jahre und die der SchülerInnen zwischen 10 und 13 bzw. 14 und 16 Jahren - 5 Schulen aus NRW (117 SchülerInnen), 8 Schulen aus Niedersachsen (128 SchülerInnen) und 10 Schulen aus der Schweiz (134 SchülerInnen) Gesamteindruck der Testung: - Rückmeldung der LehrerInnen und SchülerInnen zu den Testmaterialien durchweg positiv, mit einigen Verbesserungsvorschlägen - Nahezu alle LehrerInnen halten psychische Gesundheit für ein wichtiges Thema in der Schule und das entwickelte und ausgewählte Material für geeignet - Lehrkräfte empfinden das Unterrichtsmaterial als lernförderlich und gut umsetzbar. Vorbereitungszeiten hängen von der jeweiligen Klasse ab, übersteigen den normalen Rahmen nicht Insgesamt zu verbessern: - Vor allem sprachliche und gestalterische Änderungen werden gewünscht und in der Überarbeitung berücksichtigt - Anpassung des Materials an leistungsschwächere SchülerInnen zum besseren Verständnis - Änderung Layout zur besser Übersicht und Lesbarkeit
Schlussfolgerung für die Praxis
MindMatters ist ein Projekt, welches gezielt auf die Förderung der psychischen Gesundheit an Schulen entwickelt und getestet wurde. Wie aus den WHO Ansichten unter dem Punkt Ausgangssituation entnommen werden kann, wird also nur einer der drei Aspekte (physisch, psychisch und sozial) abgedeckt. Deshalb muss neben der Implementierung eines solchen Programms in das Setting „Schule" gleichzeitig die Qualitätssicherung und Weiterentwicklung zum Schaffungsprozesses dazugehören und um physische und soziale Programme ergänzt werden, damit den Ansprüchen der Förderung der Gesundheit nach GKV Leitfaden (2014) gerecht sowie den Ansichten der WHO entsprochen werden kann.

3.2 Beurteilung des Projekt

Das Modellprojekt „MindMatters – Förderung der Psychischen Gesundheit in und mit Schulen" ist laut aktuellem Kenntnisstand nach der Projektphase ins aktuelle Setting „Schule" eingegliedert worden und fester Bestandteil im Landesprogramm für Bildung und Gesundheit des Landes NRW (MSW, 2017). Daraus bestätigt sich die Annahme, dass sich das Projekt als Intervention eignet. Das Programm kann gezielt, nach vorheriger Analyse, mittels Baukastenprinzip auf die Bedürfnisse des jeweiligen Schultyps angepasst werden und deckt, dank hoher Qualitätssicherung durch Ausschüsse mit Trägern zur Ausarbeitung relevanter Themenfelder, Befragungen und regelmäßige Gesprächen mit schulischen Expertinnen und Experten alle Inhalte mit geeigneten Methoden ab. So findet eine Versorgung mit Hintergrundinformationen statt und die Schulen werden mit geeigneten Materialien zur Arbeit im Kollegium, aber auch für die Arbeit mit den Schülerinnen und Schüler mittels Arbeitsblättern, Aktivitäten und Übungen sowie weiterführender Literatur und Webseiten versorgt. Des Weiteren wird sich an die im GKV-Leitfaden festgelegten Förder- und Qualitätskriterien gehalten und um die Qualitätsdimensionen der guten Schule, nach dem Konzept schulischer Qualität der Bertelsmann-Stiftung (Stern, Maghlmann & Vaccaro, 2003), zur Förderung der Gesundheit in Schulen sowie die Steigerung der Bildungs- und Erziehungserfolge ergänzt.

4 Literaturverzeichnis

Badura, B., Ducki, A., Schröder, H., Klose, J. & Meyer, M. (Hrsg.). (2014). Fehlzeiten-Report 2014. Erfolgreiche Unternehmen von morgen – gesunde Zukunft heute gestalten. Zahlen, Daten, Analysen aus allen Branchen der Wirtschaft. Berlin, Heidelberg: Springer

Bauer, J., Stamm, A., Virnich, K. et al. (2006). Correlation between burnout syndrome and psychological and psychosomatic symptoms among teachers. *Int Arch Occup Environ Health*, 79, 199–204.

Blanz, B., Seemann, U., Schönejahn, A. & Fricke, R. (1999). Psychische Gesundheit im Schuleintrittsalter. Das Gesundheitswesen, 61, 544-547

Bundesanstalt für Arbeitsschutz und Arbeitsmedizin (BAuA). (2017). *Volkswirtschaftliche Kosten durch Arbeitsunfähigkeit 2015*. Zugriff am 06.06.2017. Verfügbar unter https://www.baua.de/DE/Themen/Arbeitswelt-und-Arbeitsschutz-im-Wandel/Arbeitsweltberichterstattung/Kosten-der-AU/pdf/Kosten-2015.pdf;jsessionid=9BEAFCFC8DB6A293D22AF74539E6C516.s2t1?__blob=publicationFile&v=2

Bundeszentrale für gesundheitliche Aufklärung (BZgA). (1998). Gesundheit von Kinder - Epidemiologische Grundlagen. Köln: Bundeszentrale für gesundheitliche Aufklärung.

Bundeszentrale für gesundheitliche Aufklärung. (Hrsg.). (2002). Achtsamkeit und Anerkennung. Materialien zur Förderung des Sozialverhaltens in der Grundschule. Köln: BZgA.

Bundeszentrale für gesundheitliche Aufklärung (BZgA) & Robert Koch Institut (RKI) (2008). Erkennen - Bewerten - Handeln: Zur Gesundheit von Kindern und Jugendlichen in Deutschland. Zugriff am 09.06.2017. Verfügbar unter https://www.rki.de/DE/Content/Gesundheitsmonitoring/Studien/Kiggs/Basiserhebung/KiGGS_GPA.pdf?__blob=publicationFile

Dadaczynski, K. & Witteriede, H. (2013). Das QGPS-Verfahren: Qualitätsenwicklung gesundheitsbezigener Programme in Schulen. Göttingen: Vandenhoeck & Ruprecht.

DAK Gesundheit. (2014). Gesundheitsreport 2014. Analyse der Arbeitsunfähigkeitsdaten. Die Rushhour des Lebens. Gesundheit im Spannungsfeld von Job, Karriere und Familie. Berlin: IGES Institut GmbH.

Europäische Kommission (2013). Eurydice-Highlights. Schlüsselzahlen zu Lehrkärften und Schulleitern in Europa. Zugriff am 12.06.2017. Verfügbar unter http://eacea.ec.europa.eu/education/eurydice/documents/key_data_series/151DE_HI.pdf

Franze, M., Paulus, P., Schwertner, K. (Hrsg.). (2004).Wie bewerten LehrerInnen & SchülerInnen die MindMatters-Matrialen? – Ergebnisse zur Initialtestung. Zugriff am 08.06.2017. Verfügbar unter http://www.mindmatters-schule.de/tl_files/files/ Mindmatters_Initialtestung.pdf

GKV-Spitzenverband. (2014). Leitfaden Prävention. Handlungsfelder und Kriterien des GKV-Spitzenverbandes zur Umsetzung der §§ 20 und 20a SGB V vom 21. Juni 2000 in der Fassung vom 10. Dezember 2014, Berlin. Zugriff am 27.01.2015. Verfügbar unter http://www.gkv-spitzenver- band.de/media/dokumente/presse/publikationen/ Leitfaden_Praeven- tion_2014_barrierefrei.pdf

Güller, M. (2016). Studie zur Gesundheit von Grundschülern und Lehrern. DAK-Studie 2016 Gesundheitsfalle Schule – Probleme und Auswege. Zugriff am 12.06.2017. Verfügbar unter https://webcache.googleusercontent.com/search?q=cache:FM_ztH0veTMJ:https://www.dak.de/dak/download/dak-studie-2016-gesundheitsfalle-schule-- prob leme-und-auswege-1798974.pptx+&cd=1&hl=de&ct=clnk&gl=de

Hillert, A., Koch, S. & Lehr, D. (2013). Das Burnout-Phänomen am Beispiel des Lehrerberufs. Paradigmen, Befunde und Perspektiven berufsbezogener Therapie- und Präventionsansätze. *Nervenarzt, 84*, 806–812

Hundeloh, H., Schnabel, G. & Yurdatap, N. (2004). Kongress- Gute und Gesunde Schule. Zugriff am 13.06.2017. Verfügbar unter http://www.bug-nrw.de/cms/upload/pdf/lehrergesundheit/2004_11_Kongressband_T17[1].pdf

Hurrelmann, K., Klocke, A., Melzer, W. & Ravens-Sieberer, U. (Hrsg.) (2003). Jugendgesundheitssurvey. Internationale Vergleichsstudie im Auftrage der Weltgesundheitsorganisation. Weinheim: Juventa.

Junge, J., Neumer, S., Manz, R. & Margraf, J. (2002). Gesundheit und Optimismus GO. Trainingsprogramm für Jugendliche. Weinheim: Beltz PVU.

Kaluza, G. (2012). Gelassen und sicher im Stress. Das Stresskompetenz- Buch: Stress erkennen, verstehen, bewältigen (4., überarbeitete Aufl.). Berlin: Springer.

Laurentianum. (2017). Gymnasium Laurentianum Warendorf. Zugriff am 09.06.2017. Verfügbar unter http://laurentianum-warendorf.de

Ministerium für Schule und Weiterbildung des Landes Nordrhein-Westfalen (MSW) (2017). Landesprogramm Bildung und Gesundheit. Zugriff am 07.06.2017. Verfügbar unter http://www.bug-nrw.de/schulentwicklung/schulklima/weitere-beitraege/psychische-gesundheit-/mindmatters-foerderung-der-psychischen-gesundheit-in-und-mit-schulen.html

Nieskens, B. & Schmidt, O. (2017). MindMatters – Förderung des psychischen Gesundheit in und mit Schulen. Zugriff am 07.06.2017. Verfügbar unter http://www.mindmatters-schule.de/modellphase.html und http://www.mindmatters-schule.de/about.html

Nieskens, B., Rupprecht, S. & Erbring, S. (2012). Was hält Lehrkräfte gesund? Ergebnisse der Gesundheitsforschung für Lehrkräfte und Schulen. In DAK-Gesundheit & Unfallkasse NRW (Hrsg.): *Handbuch Lehrergesundheit – Impulse für die Entwicklung guter gesunder Schulen.* Köln: Carl Link.

Paulus, P., Franze, M.,Schwertner, K. (Hrsg) (2004). MindMatters. Förderung der psychischen Gesundheit in und mit Schulen. Lüneburg: Zentrum für Angewandte Gesundheitswissenschaften.

Petermann, F. (Hrsg.) (2000): Lehrbuch der Klinischen Kinderpsychologie und -psychotherapie (4., vollst. überarb. u. erw. Aufl.). Göttingen: Hogrefe.

Schaarschmidt, U. (2005). Halbtagsjobber? Psychische Gesundheit im Lehrerberuf – Analyse eines veränderungsbedürftigen Zustandes. Weinheim, Basel, Berlin: Beltz.

Schaarschmidt, U. & Kieschke, U. (2013). Beanspruchungsmuster im Lehrerberuf. Ergebnisse und Schlussfolgerungen aus der Potsdamer Lehrerstudie. In: Rothland, M. (ed.): Belastung und Beanspruchung im Lehrerberuf. Heidelberg: Springer Verlag 81–97.

Scheuch, K., Haufe, E., & Seibt, R. (2015). Lehrergesundheit. *Deutsches Ärzteblatt*, 112(20), 347- 356.

Scheuch, K., Seibt, R., Rehm, U., Riedel, R. & Melzer, W. (2010). Lehrer. In. Letzel, S. & Nowak, D. (eds.): Handbuch der Arbeitsmedizin. Fulda: Fuldaer Verlagsanstalt.

Scheuch, K. & Vogel, H. (1993). Prävalenz von Befunden in ausgewählten Diagnosegruppen bei Lehrern. *Soz Präventivmed*, 38, 20–25.

Schönwälder, HG., Berndt, J., Ströver, F. & Tiesler, G. (2003). Belastung und Beanspruchung von Lehrerinnen und Lehrern. Bremerhaven: Wirtschaftsverlag NW.

Seibt, R., Galle, M. & Dutschke, D. (2007). Psychische Gesundheit im Lehrerberuf. *Präv Gesundheitsförd*, 4, 9–18.

Seibt, R., Spitzer, S., Druschke, D., Scheuch, K. & Hinz, A. (2013). Predictors of mental health in female teachers. *Int J Occup Med Environ Health*, 26, 556–569.

Seibt, R., Ulbricht, S., Rehm, U., Steputat, A. & Scheuch, K. (2010). Arbeitsmedizinische Vorsorgeuntersuchungen – Bericht zur Gesundheit von Lehrerinnen und Lehrern der Sächsischen Bildungsagentur. Dresden: Selbstverlag der Technischen Universität Dresden.

Spiegel (2012). Leistungsdruck: Schüler klagen über Vollzeit-Stress. Zugriff am 12.06.2017. Verfügbar unter http://www.spiegel.de/lebenundlernen/schule/leistungsdruck-schueler-klagen-ueber-vollzeit-woche-a-856794.html

Stadt Warendorf (2017). Zahlen, Daten & Fakten. Zugriff am 09.06.2017. Verfügbar unter https://www.warendorf.de/leben-in-warendorf/stadtportrait/zahlen-daten-fakten.html

Statistisches Bundesamt. (2014). Bildung und Kultur. Allgemeinbildende und berufliche Schulen. Schuljahr 2012/2013. Wiesbaden: Statistisches Bundesamt.

Stern, C., Mahlmann, J.,Vaccaro, E. (2003): Vergleich als Chance. Schulentwicklung durch internationale Qualitätsvergleiche - Grundlagen (2. Aufl.). Gütersloh: Bertelsmann-Stiftung.

Techniker Krankenkasse. (2014). Gesundheitsreport 2014. Risiko Rücken. Veröffentlichungen zum Betrieblichen Gesundheitsmanagement der TK, Band 29. Hamburg: TKK.

Ulich, K. (1996). Beruf Lehrer/in. Arbeitsbelastungen, Beziehungskonflikte, Zufriedenheit. Weinheim und Basel: Beltz.

Weare, K. (2004). The promotion of mental health of children and young people. Zugriff am 13.06.2017. Verfügbar unter http://ec.europa.eu/old-address-ec.htm

Weber, A., Weltle, D. & Lederer, P. (2004). Frühinvalidität im Lehrerberuf: Sozial- und arbeitsmedizinische Aspekte. *Dtsch Arztebl*, 101.

5 Tabellenverzeichnis

Tab. 1: Zielsetzung für das Projekt zur Gesundheitsförderung und Prävention mittels multimodalem Stressmanagement bei „jungen" Lehrkräften 12
Tab. 2: Modellprojekt MindMatters (Nieskens & Schmidt, 2017) 13
Tab. 3: Fortsetzung Ausgangssituation und Ziele 14
Tab. 4: Fortsetzung mit Methoden bzw. Projektaufbau und -ablauf 15
Tab. 5: Fortsetzung Projektevaluation/ Ergebnisse 16

BEI GRIN MACHT SICH IHR WISSEN BEZAHLT

- Wir veröffentlichen Ihre Hausarbeit, Bachelor- und Masterarbeit

- Ihr eigenes eBook und Buch - weltweit in allen wichtigen Shops

- Verdienen Sie an jedem Verkauf

Jetzt bei www.GRIN.com hochladen und kostenlos publizieren